닥터 홀의 싱크홀 연구소

와이즈만 환경과학 그림책은 우리 환경, 푸른 지구를 지켜 나가는 길을 함께 찾아가는 시리즈입니다.

와이즈만 환경과학 그림책 ❽
닥터 홀의 싱크홀 연구소

초판 1쇄 발행 | 2014년 5월 20일
초판 9쇄 발행 | 2024년 9월 30일

최영희 글 | 이경국 그림 | 와이즈만 영재교육연구소 감수

발행처 | 와이즈만 BOOKs
발행인 | 염만숙
출판사업본부장 | 김현정
편집 | 이혜림 양다운 이지웅
디자인 | 박영미
마케팅 | 강윤현 백미영 장하라
사진 제공 | 인천서부소방서 연합뉴스

출판등록 | 1998년 7월 23일 제1998-00017
제조국 | 대한민국
사용 연령 | 6세 이상
주소 | 서울특별시 서초구 남부순환로 2219 나노빌딩 5층
전화 | 마케팅 02-2033-8987 편집 02-2033-8928
팩스 | 02-3474-1411
전자우편 | books@askwhy.co.kr
홈페이지 | books.askwhy.co.kr

저작권자ⓒ 2014 최영희 이경국
이 책의 저작권은 최영희 이경국에게 있습니다.
저자와 출판사의 허락 없이 내용의 일부를 인용하거나 발췌하는 것을 금합니다.

＊와이즈만 BOOKs는 (주)창의와탐구의 출판 브랜드입니다.

이 책에 사용한 사진의 출처를 밝히기 위해 최선을 다했습니다. 빠지거나 잘못된 점이 있으면 알려 주십시오.
바로잡겠습니다. 이 책에 사진을 제공해 주신 분들께 감사합니다.
잘못된 책은 구입처에서 바꿔드립니다.

닥터 홀의 싱크홀 연구소

최영희 글 | 이경국 그림 | 와이즈만 영재교육연구소 감수

와이즈만 BOOKs

대한민국 인천광역시, 과테말라 과테말라시티, 포르투갈 리스본,
영국 맨체스터, 미국 시카고, 중국 쓰촨 성……
언제부턴가 세계 곳곳에서 정체불명의 구덩이가 생겨나기 시작했어.
그중에는 아파트가 통째로 추락할 만큼 깊은 구덩이도 있다고
하는데……
도대체 누가! 왜! 땅에 이렇게 위험한 구덩이를 판 걸까?

과테말라 과테말라시티

인천광역시

포르투갈 리스본

영국 맨체스터

미국 시카고

중국 쓰촨 성

구덩이의 정체를 밝혀내기 위해
밤이나 낮이나, 자나 깨나, 먹을 때나 똥 눌 때나
구덩이를 연구하는 이가 있으니, 그가 바로……
나!

훗, 소개가 늦었군.
내 이름은 닥터 홀!
그리고 얘는 슈퍼 로봇 드그륵!
세상에 단 한 대뿐인 구덩이 전문 로봇이지.
여기는 **닥터 홀의 구덩이 연구소!**
앞으로 나는 땅에 생긴 정체불명의 구덩이들을
낱낱이, 샅샅이, 죄다, 깡그리 파헤칠 생각이야.

내가 맨 처음 정체불명의 구덩이를 주목하게 된 건
바로 이 사건 때문이지.
이름하여 과테말라시티 침실 구덩이 사건!

침대 밑에 구덩이가!

콰쾅!
2011년 7월.
과테말라시티에 사는 에르난데스 할머니는
난데없는 폭발음에 놀라 침대에서 벌떡 일어났다.
잠시 후, 겨우 마음을 진정시킨 할머니는
집 안을 살폈지만 현관, 부엌, 거실 모두 멀쩡했다.
하지만 침대 밑을 살펴본 할머니는 까무러칠 뻔했다.
침대 밑에 마치 기계를 이용해 뚫은 것처럼 깊은 구덩이가 생겨난 것이다.

구덩이는 지름이 90센티미터, 깊이가 12미터에 이르렀다.
12미터면 4층 건물이 통째로 빠지고도 남는 깊이다.
만약 구덩이의 지름이 몇 미터만 더 컸더라면
침대가 구덩이 안으로 추락했을 것이다.

무시무시한 구덩이가 순식간에, 그것도 침대 밑에 생겨나다니! 도대체 이 구덩이의 정체는 뭘까?

처음엔 폭탄이 터졌나 보다 했어.
하지만 사진을 꼼꼼히 보니 움푹 꺼진 구덩이 위는 멀쩡하더라고.
나는 드그륵에게 물어보았어.
드그륵이라면 똑 떨어지는 답을 알려 줄 것 같았거든.
"드그륵! 순식간에 꺼진 땅, 말끔한 주변!
이것들이 뜻하는 게 뭘까?"
드그륵이 한참을 드그륵거리다 입을 열었어.
"순식간에 꺼진 땅 + 말끔한 주변 = 싱크X!"

엥? 싱크X?
드그륵이 마지막 글자를 모르겠나 봐.
혹시 싱크대? 아니면 싱크몽? 싱크뽕? 싱크똥?
에잇! 고물 컴퓨터 같으니라고.
그런데 내가 깜짝 놀랄 만한 사건 파일을 발견한 거야.

찻길이 움푹!

2012년 2월 18일,
대한민국 인천광역시에서 왕복 6차선 도로 한가운데가 주저앉는
사고가 발생했다.
도로 한가운데 지름 12미터, 깊이 27미터의 구덩이가 생긴 것이다.
이 무슨 마른하늘에 날벼락, 아니 마른땅에 날벼락이란 말인가.
CCTV 화면에 따르면 땅이 저절로 주저앉기 시작했던 것이다.

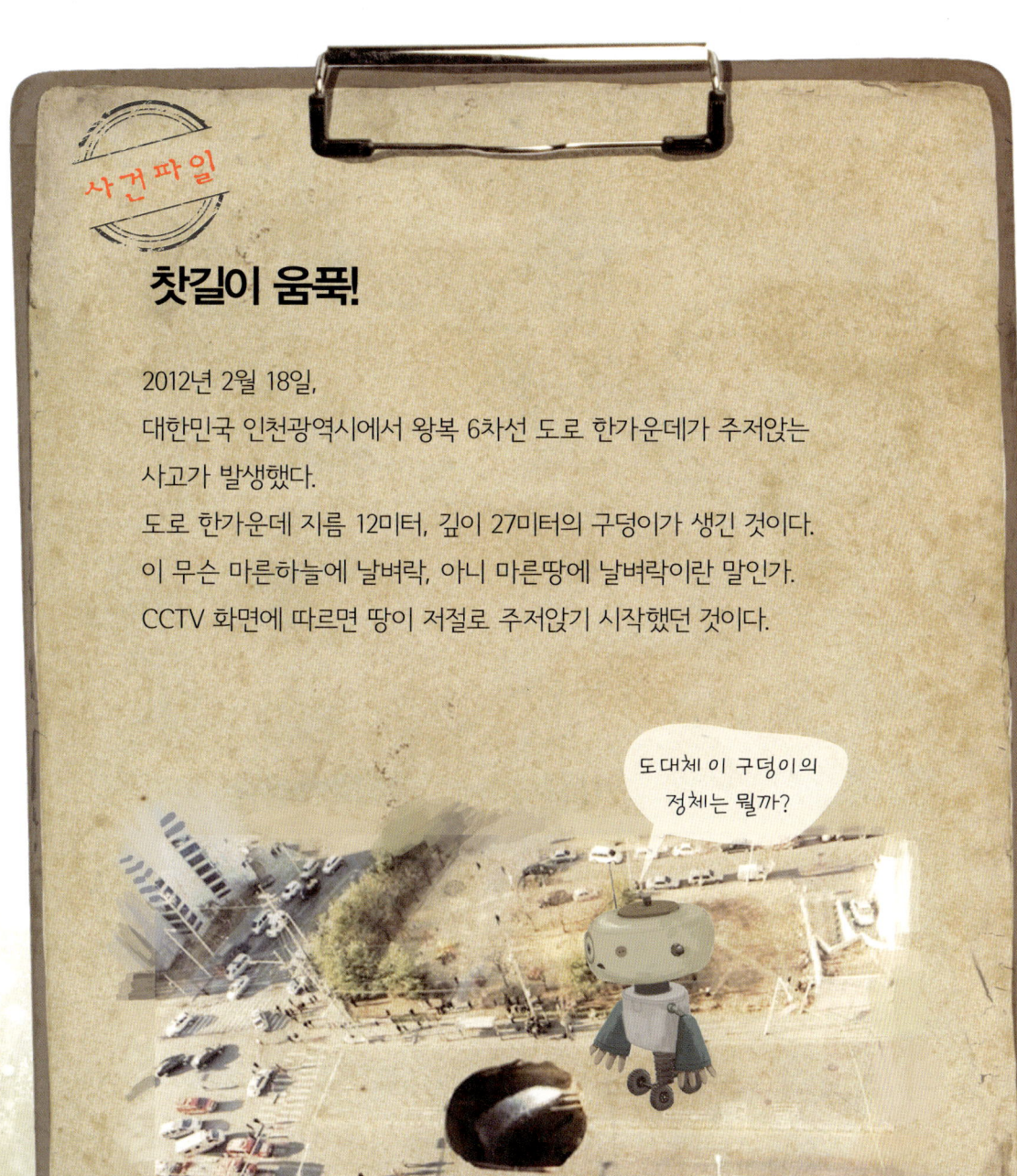

도대체 이 구덩이의 정체는 뭘까?

이 사건에서 눈여겨봐야 할 점은
바로 땅이 저절로 꺼지면서 구덩이가 생겼단 사실이야.
나는 드그륵에게 물었어.
"도로가 저절로 꺼지면서 구덩이가 생겼다는 게 좀 수상하지 않니?
이제 싱크X의 X가 뭔지 알아낼 수 있겠어?"
드그륵 드그륵 드그륵드그륵!
"싱크X + 도로에 구덩이가 생기다 = 싱크홀!"

음……. 정체불명의 구덩이 이름이 싱크홀이었단 말이지?
에르난데스 할머니 침실에 생긴 구덩이도 싱크홀!
인천 6차선 도로 한복판에 생긴 구덩이도 싱크홀!
하지만 구덩이의 이름을 알아냈다 해서 일이 끝난 건 아니야.
나는 싱크홀의 모든 걸 알아내기로 마음먹었어.
연구소 간판도 고쳤어.
닥터 홀의 싱크홀 연구소!

나는 씻는 시간, 코 푸는 시간도 아껴 가며 싱크홀 연구에 몰두했어.

싱크홀 연구 일지   2014년 x월 x일

싱크홀이란?
싱크홀(sinkhole)은 '가라앉다'는 뜻의 '싱크'(sink)와 '구덩이'란 뜻의 '홀'(hole)이 합쳐진 말이다. 글자 그대로 싱크홀은 '땅이 가라앉아 생겨난 구덩이'다.

다음 구덩이들 중 싱크홀은 무엇일까?

☐ 1. 외할머니네 텃밭의 두더지굴

☐ 2. 우리 동네 맨홀

☐ 3. 사냥꾼이 파놓은 함정

☐ 4. 골프장에 갑자기 생긴 구덩이

☐ 5. 처녀 귀신이 사는 우물

정답: 4.

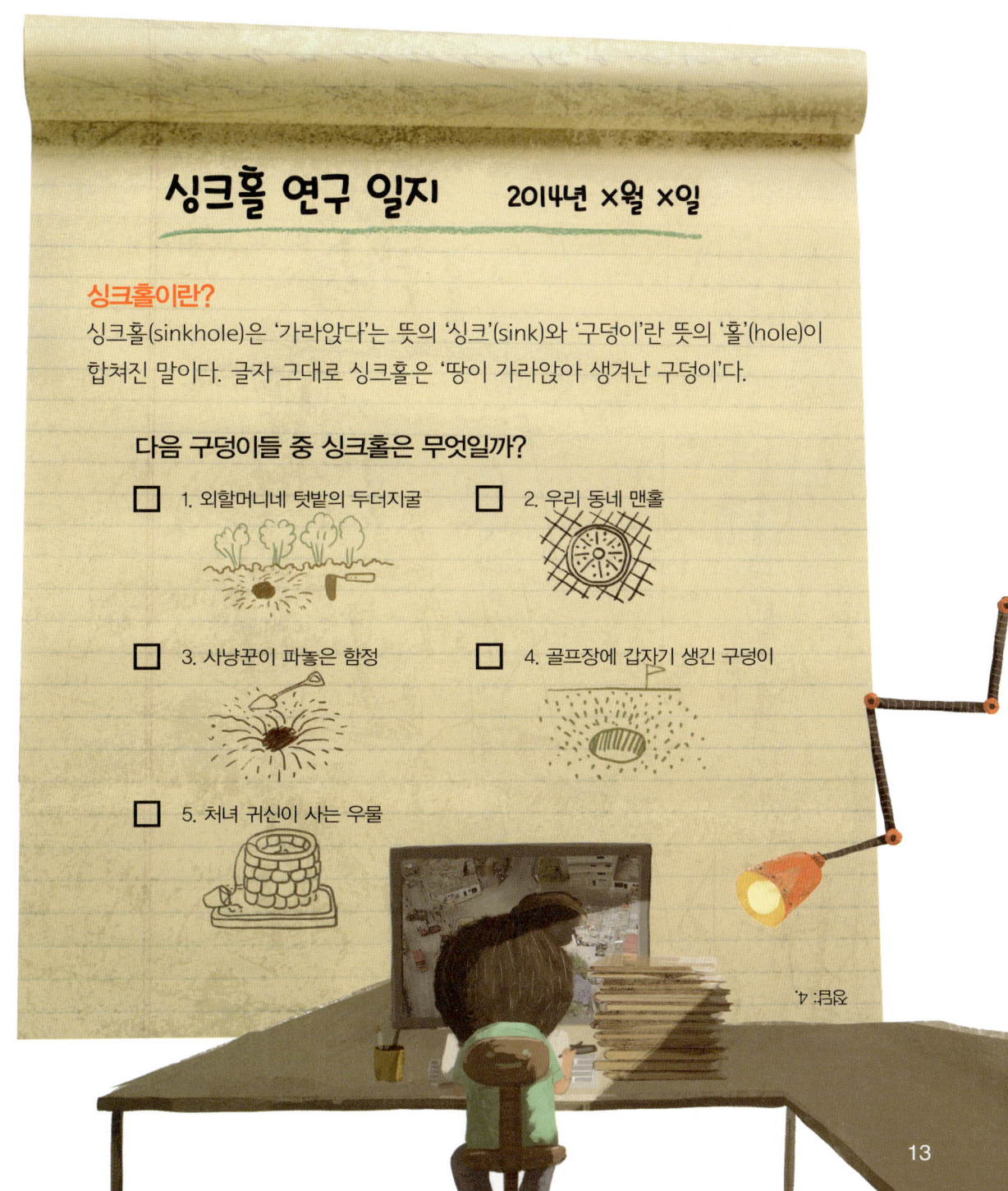

그런데 사람들이 좋아하는 싱크홀도 있었어.
컴컴하고 무시무시한 구덩이를 좋아하다니, 못 믿겠다고?
그럼 이 광고지를 한번 봐.

간도 크다 여행사

초대박 여행상품 등골 오

올 여름 무더위를 한 방에 날려라!

멕시코의 제비동굴

지름 50미터, 깊이 376미터!
세계에서 가장 깊은 싱크홀로,
여러분을 초대합니다.

스카이다이버를 꿈꾸는 당신!
낙하산을 메고 셋, 둘, 하나!
제비동굴에서 수직 낙하를 경험하십시오.

멕시코 제비동굴이나 딘스 블루홀처럼
싱크홀이 산꼭대기나 바다에 생긴다면 누가 뭐라 하겠어?
문제는 이놈의 구덩이가 도시 한복판에!
도로에! 침대 밑에! 학교 운동장에 생긴다는 거야.

* 2007년 4월
과테말라의 과테말라시티, 도시 한복판에 깊이 100미터 싱크홀 발생, 주택 20여 채가 구덩이 속으로 추락했다.

* 2010년 6월
중국 후난 성, 학교 운동장에 지름 80미터 싱크홀이 발생했다.

* **2011년 12월**
영국 맨체스터, 도로에 싱크홀 발생해 자동차가 추락했다.

* **2012년 2월**
대한민국 인천광역시, 왕복 6차선 도로에 지름 12미터, 깊이 27미터의 싱크홀이 발생해 오토바이가 추락했다.

* **2014년 2월**
미국 국립 콜벳 박물관에 싱크홀 발생, 전시하고 있던 쉐보레 콜벳 자동차 8대가 추락했다.

* **2014년 8월**
대한민국 서울특별시, 송파구 석촌동에 깊이 5m의 싱크홀이 생겼다. 최근 크고 작은 싱크홀들이 이 일대에서 많이 생겨나고 있다.

봤지? 마을이나 도로에서 싱크홀이 발생하면
끔찍한 사고로 이어지는 경우가 많아.
"이놈의 싱크홀은 도대체 왜! 생기는 거야?"
드그륵에게 물어보았어.
"싱크홀은 땅속에 생긴 빈 공간이 무너지면서 발생한다."
드그륵이 대답했어.
이건 또 무슨 소리지?
아무래도 직접 실험을 해 봐야 할 것 같군.

싱크홀이 발생한 땅은 속이 텅 빈 상태였던 거야.

그러니까 구멍이 커져서 땅을 떠받칠 수 없었던 거지.

그렇다면 땅속에 왜 구멍이 나 있는 걸까?

대체 누가 땅속에다 구멍을 낸 걸까?

나는 드그륵에게 물어봤어.

"땅속에다 구멍을 낸 범인은 누구지?"

드그륵, 드그륵, 드그륵, 드그르르륵!

"땅속에 구멍을 만든 범인 = 지하수 + 사람!"

엥? 사람과 지하수가 땅속에 구멍을 냈다고?

드그륵은 또 이렇게 말하지 뭐야.

"땅속에 구멍을 낸 범인 = 싱크홀을 만든 범인!"

드그륵 말대로라면

땅속에 구멍을 만든 게 지하수와 사람이니까,

결국 지하수와 사람이 싱크홀을 만든다는 거잖아?

"말도 안 돼! 사람들이 그 위험한 싱크홀을 뭐 하러 만들겠어?"

드그륵 녀석, 슈퍼 로봇이 맞긴 한 거야?

도움도 안 되는 고물 로봇! 엿장수한테나 줘 버릴까 보다.

아무래도 나 혼자 연구하는 게 낫겠어.

나는 드그륵의 전원을 꺼 버렸어.

몇 날 며칠 발바닥에 땀나도록 뛰어다니며 알아본 결과,

땅속에는 생각보다 많은 구멍이 있더군.

이것들을 조사하다 보면

싱크홀을 만든 진짜 범인을 찾아낼 수 있을 거야.

먼저 석회동굴의 정체를 파헤쳐 봐야겠어.
백과사전을 뒤진 끝에, 석회동굴이
어떻게 생기는지 알아냈어.

가만! 지하수가 석회암을 녹인다면,
석회동굴을 만든 범인이 지하수라는 얘긴데……
음, 이건 드그륵 말이 맞군.

석회암 지대에서 발생하는 싱크홀은
대부분 석회동굴이 무너져서 생기는 것들이야.
중국 쓰촨 성에서 발생한 싱크홀들이 이 경우야.
쓰촨 성은 대표적인 석회암 지대거든.

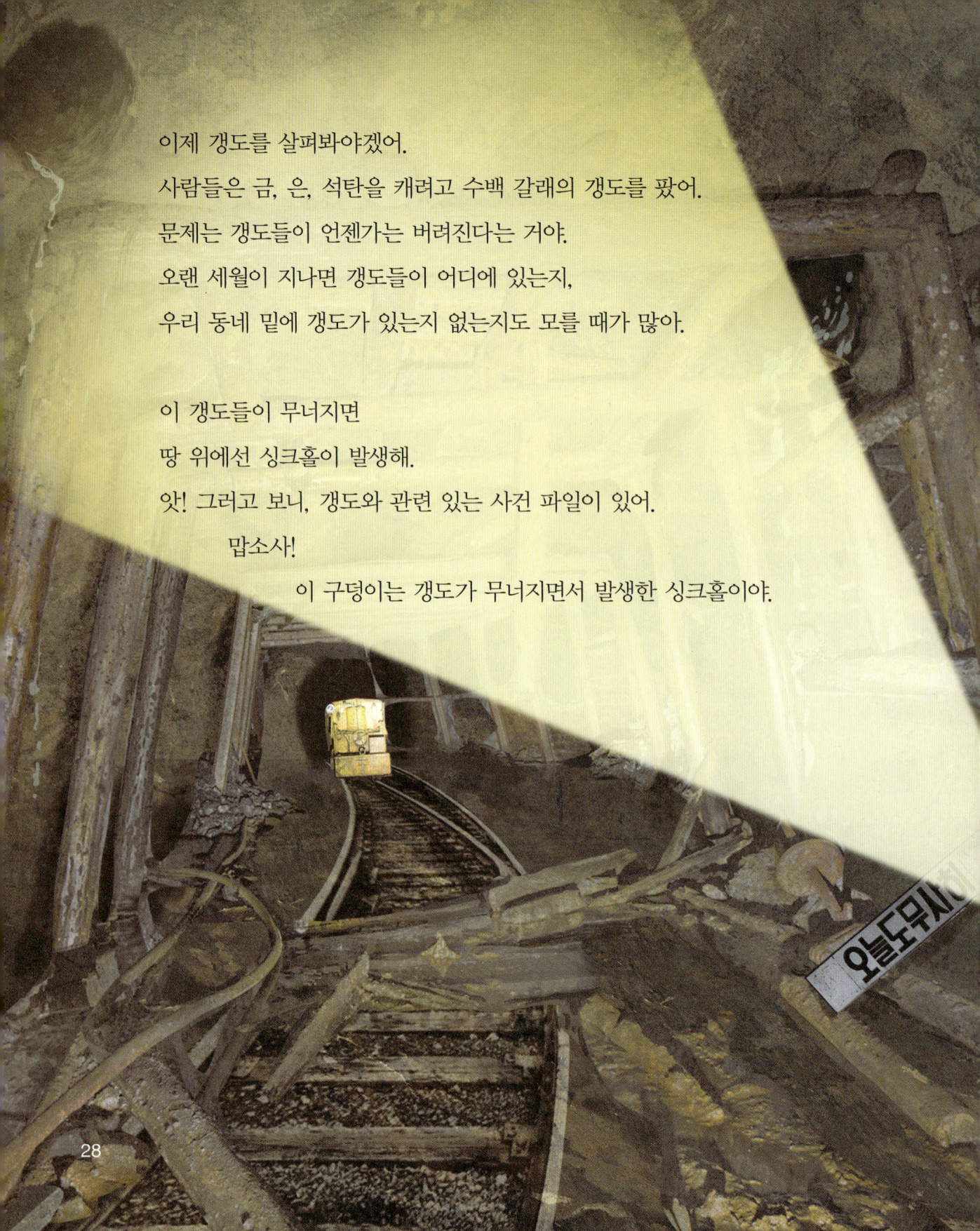

이제 갱도를 살펴봐야겠어.

사람들은 금, 은, 석탄을 캐려고 수백 갈래의 갱도를 팠어.

문제는 갱도들이 언젠가는 버려진다는 거야.

오랜 세월이 지나면 갱도들이 어디에 있는지,

우리 동네 밑에 갱도가 있는지 없는지도 모를 때가 많아.

이 갱도들이 무너지면

땅 위에선 싱크홀이 발생해.

앗! 그러고 보니, 갱도와 관련 있는 사건 파일이 있어.

맙소사!

이 구덩이는 갱도가 무너지면서 발생한 싱크홀이야.

마당아, 어디 갔니?

2008년 5월 24일.
대한민국 충청북도 음성군, 꽃동네 소망의 집 마당이 푹 꺼져 버리는 사고가 발생했다.
구덩이는 지름 16미터,
깊이가 30미터에 이르렀다.
30미터는 10층 아파트가 통째로
퐁 빠질 수도 있는 깊이.

조사 결과 꽃동네 소망의 집 아래
땅속엔 일제강점기에 만든
갱도들이 얽히고설켜 있다 한다.
그동안 이 갱도들에는 지하수가
가득 차 있었으나, 최근 지하수가
바닥나면서 갱도들이 텅 비었다 한다.

그렇다면 이 싱크홀은 결국…… 사람이 만든 거야.
갱도를 만들었다가 쓸모없게 되자. 그대로 버려 둔 게 인간이니까.
또 갱도에 차 있던 지하수를 마구 뽑아 쓴 것도 인간이니까.
이번에도 드그륵이 옳았어.

지하수가 있을 때는 무너지지 않고, 지하수가 없을 때
무너지는 이유에 대해 궁금하면 33쪽을 참조하세요

나는 드그륵의 전원을 다시 켰어.

드그륵 드그륵 드그륵 드르르르륵!

드그륵의 화면이 다시 환해졌어.

"드그륵, 전원 꺼 버린 거 미안해. 용서해 줘. 우리 다시 힘을 합쳐서 싱크홀의 비밀을 밝혀내자, 응?"

"홀, 널 용서한다, 닥터 홀. 대신 연구소 간판에 내 이름도 넣어 다오."

"그 정도야 얼마든지 해 줄 수 있어."

나는 얼른 간판에다 드그륵의 이름을 썼어.

닥터 홀과 드그륵의 싱크홀 연구소

드그륵이 깨어나니까 나도 힘이 나.

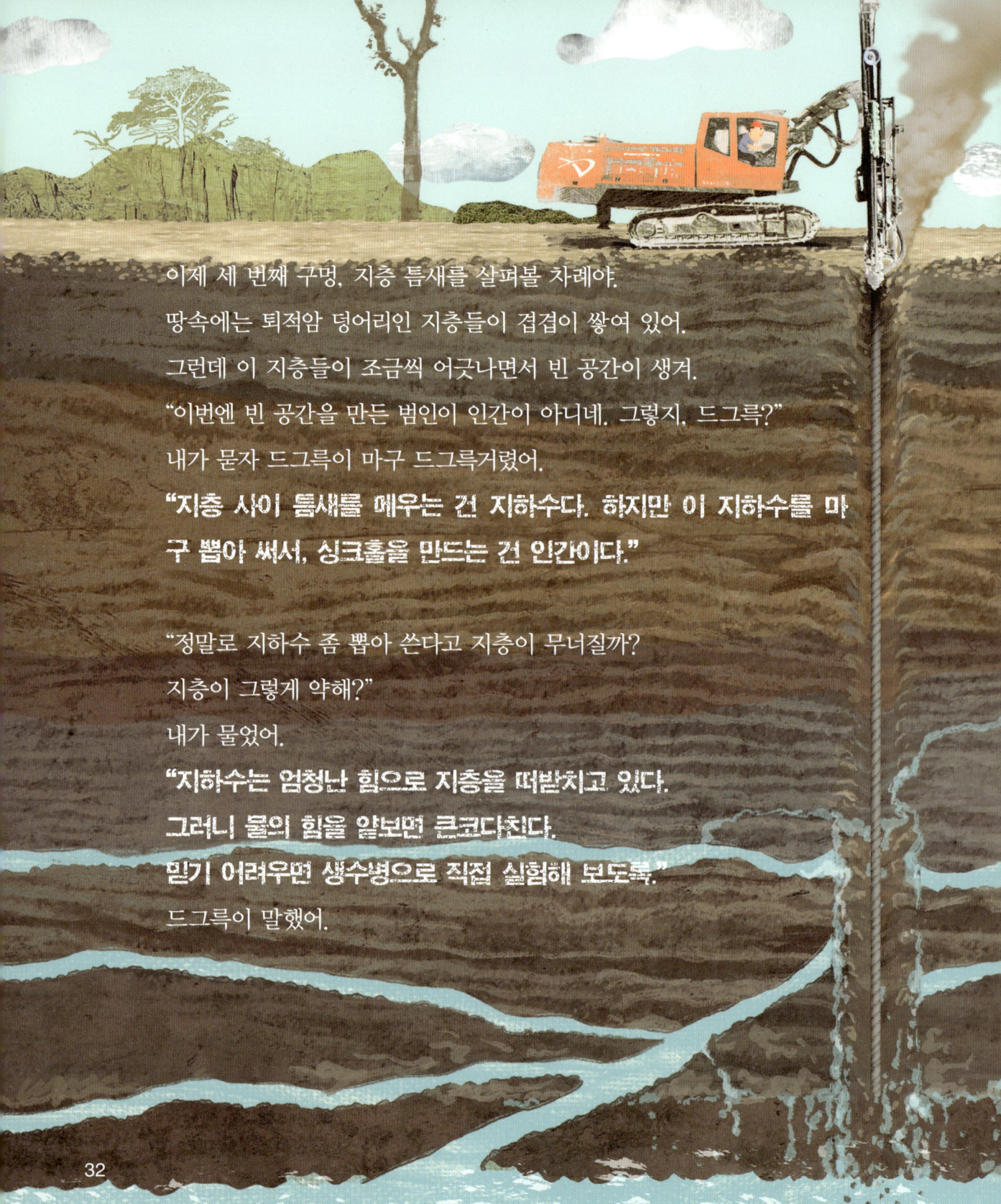

이제 세 번째 구멍, 지층 틈새를 살펴볼 차례야.
땅속에는 퇴적암 덩어리인 지층들이 겹겹이 쌓여 있어.
그런데 이 지층들이 조금씩 어긋나면서 빈 공간이 생겨.
"이번엔 빈 공간을 만든 범인이 인간이 아니네. 그렇지, 드그륵?"
내가 묻자 드그륵이 마구 드그륵거렸어.
"지층 사이 틈새를 메우는 건 지하수다. 하지만 이 지하수를 마구 뽑아 써서, 싱크홀을 만드는 건 인간이다."

"정말로 지하수 좀 뽑아 쓴다고 지층이 무너질까?
지층이 그렇게 약해?"
내가 물었어.
"지하수는 엄청난 힘으로 지층을 떠받치고 있다.
그러니 물의 힘을 얕보면 큰코다친다.
믿기 어려우면 생수병으로 직접 실험해 보도록."
드그륵이 말했어.

이번에도 드그륵의 말이 옳았어.
지층 사이를 메우던 지하수를
사람들이 마구 뽑아 쓰는 바람에 싱크홀이 생긴 거야.

"싱크홀을 만든 범인이 사람이라니…… 뭐야, 뭐야!
사람이 일부러 그랬을 리가 없잖아!"
난 충격에 빠져 연구를 포기하고 싶었어.
그런데 드그륵이 다가와 이렇게 말하는 거야.
**"닥터 홀. 연구를 끝내지 않고 관두는 건
똥 누고 똥꼬 안 닦는 것과 마찬가지다."**

쳇, 드그륵 녀석, 이젠 잔소리까지 하다니.
나는 속으로 툴툴거리며 사건 파일을 다시 봤어.
많고 많은 싱크홀들…….
그래, 드그륵 말이 맞아.
우린 아직 할 일이 남았어.

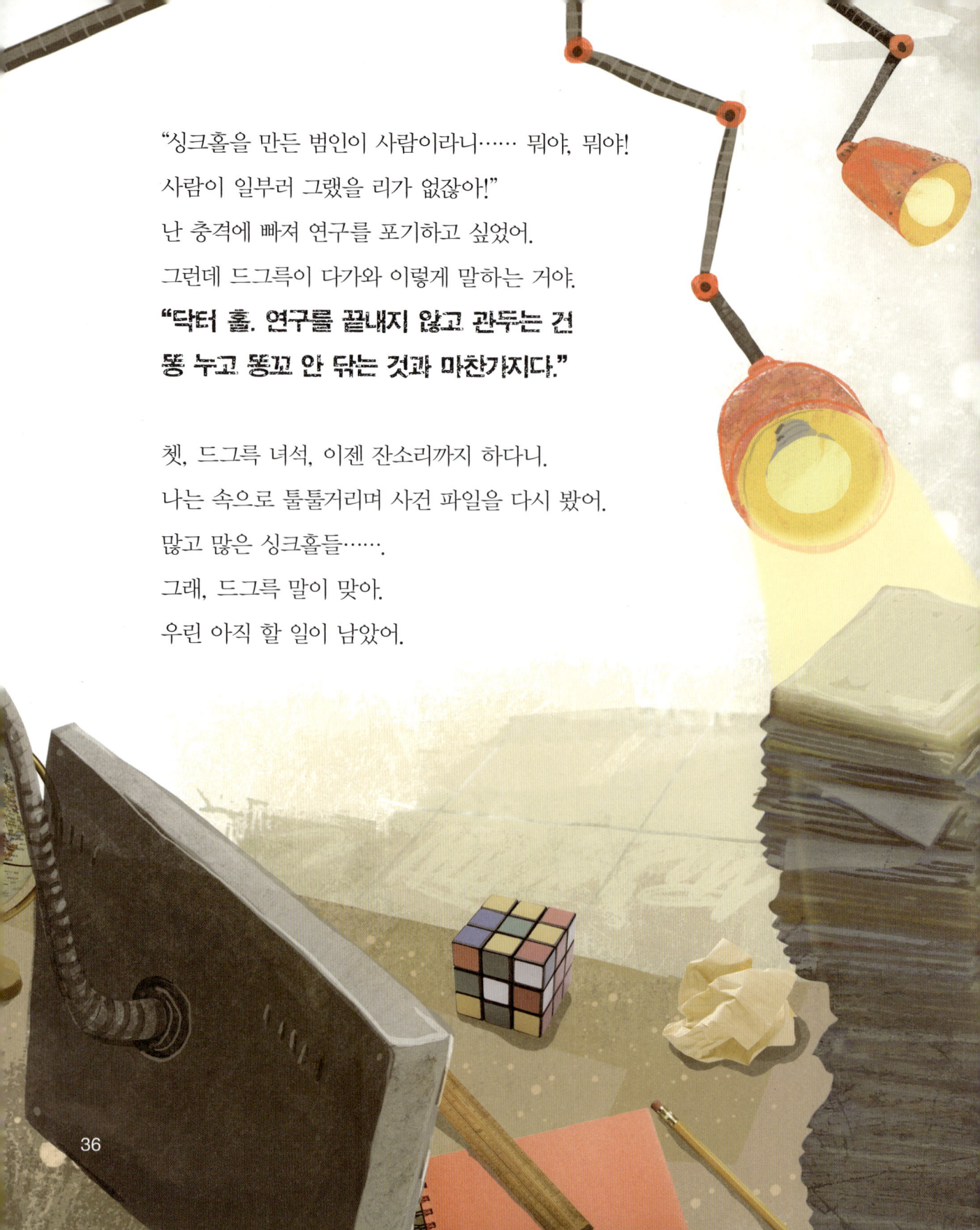

나와 드그륵은 싱크홀 사건 파일들을 하나하나 정리해 나갔어.

싱크홀 연구 일지   2014년 ×월 ×일

★ 충북 음성군 소망의 집 싱크홀
원인: 지하수 부족으로 지하 갱도가 무너지면서 발생.
해결책: 광산이 있던 지역에서는 새 건물을 짓기 전에 갱도의 위치부터 파악해야 한다.

★ 미국 일리노이 주 골프장 싱크홀
원인: 석회암 지대에 조성된 골프장. 지하의 석회동굴이 무너지면서 발생.
해결책: 석회암 지대에 시설을 만들 때는 지하 동굴의 위치나 상태를 파악하는 게 중요하다.

★ 과테말라시티 침실 싱크홀
원인: 마구잡이식 도시 개발로 지반이 약해진 상태였고, 낡은 하수관에서 물이 새면서 지반이 지나치게 무거워져서 발생.
해결책: 낡은 하수관은 제때 교체해야 한다.

★ 인천시 6차선 도로 싱크홀
원인: 지하철 공사로 지반이 약해졌고, 공사 과정에서 지하수를 많이 퍼냈기 때문.
해결책: 지하 개발을 할 때는 지하수의 물길과 양을 먼저 파악해야 한다.

그리고 싱크홀의 다른 원인들도 찾아냈지.

싱크홀 연구 일지   2014년 x월 x일

★ 낡은 하수관에서 새어 나온 물 때문에 지반의 무게가 지나치게 무거워졌을 때

★ 지나친 도시 개발로 지반이 불안정해졌을 때

이젠 정말 끝났어.
정체불명 구덩이가 싱크홀이란 것도 알아냈고,
싱크홀이 왜 생기는지도 밝혀냈으니,
이제 연구소 문을 닫을 거야.
"그동안 도와줘서 고맙다, 드그륵!"

그때였어.
바깥에서 크르릉 쾅! 소리가 울려 퍼졌어.
창밖을 보니 다팔아 백화점 지하 주차장 공사장 옆에
안 보이던 구덩이가 뻥 뚫려 있지 뭐야!
드그륵과 나는 부리나케 달려 나갔어.

"귀신이 곡할 노릇이네. 갑자기 구덩이가 풍! 생기더라고."
인부 아저씨는 이렇게 대답하는 거야.
우리는 새파랗게 질린 얼굴로 소리쳤어.

"아저씨, 이건 보통 구덩이가 아니라 아주 위험한……."
"하하, 걱정할 것 없다.
흙을 부어서 메워 버리면 끝나거든."
아저씨는 우리 말을 듣지도 않고 구덩이에 시멘트를 쏟아부었어.
"이봐라, 감쪽같이 메워졌지?"
이걸 어쩌면 좋아? 아저씨는 싱크홀이 얼마나 위험한지
모르고 있는 게 분명해.

여기서 이러고 있으면 안 되겠어.

가만두면 더 큰 싱크홀이 생기면서 큰 사고가 터지고 말 거야.

사람들에게 위험을 알리고 공사를 중지시켜야 해.

우린 마음이 급해졌어.

나와 드그륵의 일은 아직 끝난 게 아니야.

앞으로 우린 싱크홀이 무엇인지, 왜 발생하는지

사람들에게 제대로 알려 줘야 해.

"드그륵! 어서 가자.

지금부터 할 일이 무척 많아."

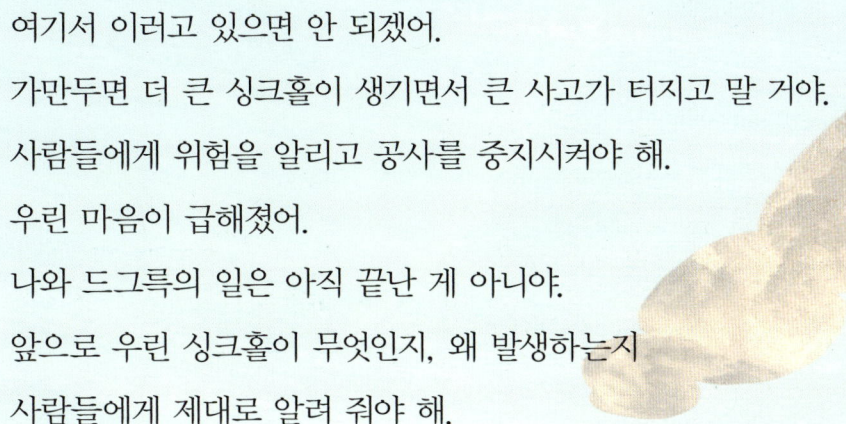

닥터 홀의 깨알 정보

과테말라시티가 어디야?
과테말라시티는 과테말라의 수도야.
과테말라는 중앙아메리카에서
세 번째로 큰 나라로, 언어는
스페인 어를 써.

블루홀이 뭐야?
블루홀은 바다 밑바닥에 생긴
싱크홀이야. 구덩이가 너무 깊어
바닷물이 푸른색으로 보인다고 해서
붙은 이름이야.

제비동굴이 뭐야?

멕시코에 있는 수직 동굴을 말해.
지하 370미터의 거대한 동굴이지.
제비들의 놀라운 비행이
장관을 이룬대.

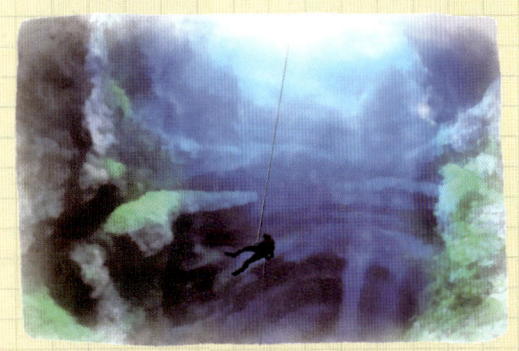

중국 쓰촨 성이 어디야?

귀여운 판다의 고장 쓰촨 성은
중국 남서부에 있는 내륙 지방이야.
또 석회암 지대답게 커다란
싱크홀들이 있어.
중국인들은 싱크홀을 '하늘이 만든
구멍'이란 뜻으로 '천갱'이라 불러.

| 글 작가의 말 |

싱크홀! 충분히 막을 수 있어요!

생각지도 못한 때에 큰일이 생기면 사람들은 '마른하늘에 날벼락!'이란 말을 씁니다.

갑자기 땅이 움푹 꺼지는 싱크홀을 직접 본다면 정말이지 마른 땅에 날벼락 같은 일일 거예요.

어느 날 우리 동네 찻길이, 학교 운동장이 갑자기 푹 꺼진다고 생각해 보세요. 정말 아찔하고 끔찍한 일이지요?

몇 해 전, 뉴스에서 도로 공사 현장에서 갑자기 커다란 구덩이 생겼다는 소식을 들었어요. 그때는 '싱크홀'이라는 이름조차 잘 알려지지 않았던 때라, 소식을 전하는 리포터도 "땅이 꺼졌다"고 표현했어요.

그때부터 지구 곳곳에서 발생하는 정체불명의 구덩이들이 제 눈에 띄기 시작했어요. 책과 인터넷 기사를 보면서 정체불명의 구덩이들 이름이 '싱크홀'이며, 대부분의 싱크홀을 만든 게 다름 아닌 사람이라는 사실을 알게 되었어요. 너무 충격이었지요. 그러면서 우리 어린이들에게 이 이야기를 꼭 들려 줘야겠다는 생각이 들었답니다. 싱크홀을 무서워만 할 게 아니라 왜 생기는지, 미리 막을 방법은 없는지 같이 고민해 보려고요.

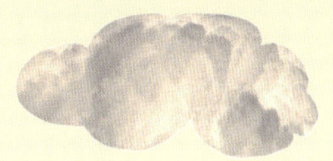

   우리 어린이들은 훗날 도시의 설계자가 되고, 건축가가 되고, 도시를 드나들며 살아갈 테니까요. 이렇게 해서 이 책이 세상에 나오게 되었답니다.

   어린이 여러분, 이 책의 주인공 닥터 홀과 드그륵처럼 여러분도 주변의 어른들에게 말해 주세요. 건물을 높이 짓고, 빨리 짓고, 도로를 빨리 포장하는 게 중요한 게 아니라고요. 지하수를 마구 퍼내지 말고, 하수관이 고장 나지 않았는지 꼼꼼하게 살펴야 한다고요.

   오늘도 우리 학교와 마을을 탄탄하게 받쳐 주는 고마운 땅! 이제부턴 우리가 살펴 주었으면 해요.

최영희

그림 작가의 말

무분별한 개발에 대해 다 함께 생각해 봐요!

저는 싱크홀에 대한 이야기를 들었을 때, 처음에는 먼 나라에서만 벌어지는 일이라고만 생각했답니다. 싱크홀 사진을 봤을 때는 왠지 모를 신비와 경이가 생기면서 흥미가 일었지요.

그런데 싱크홀이 우리 주변에서도 발생할 수 있다는 사실을 알고는 깜짝 놀랐어요. 게다가 싱크홀의 원인이 사람들의 무분별한 개발이라는 걸 알고는 조금 두려워졌지요. 왜냐고요? 바깥을 나가면 크고 작은 공사 현장을 쉽게 볼 수 있잖아요. 돈의 이익만을 앞세워 공사 현장의 안전은 뒷전이고, 지질 검사도 하지 않고 벌이는 공사들이 너무 많거든요. 그래서 걱정이 되더라고요.

이익만을 앞세운 개발은 우리에게 큰 재앙을 안겨 줄 수도 있어요. 그 중의 하나가 싱크홀인 거지요.

여러분과 저는 작은 힘이기에 큰 개발을 막을 도리는 없지만, 작은 힘이 모이면 큰 사고는 막을 수 있어요. 나랏일을 맡아 하는 분들이 얼렁뚱땅 일처리를 하지 않고, 안전하고 원칙적으로 일을 하는 곳에 공사를 허가하면 안전사고는 막을 수 있어요.

어린이 여러분! 이 책을 읽으며 싱크홀이 생기는 원인을 바로 알고, 미리 막아 내기 위해 우리가 어떻게 해야 하는지 함께 고민해 봤으면 좋겠어요.

이경국

글 최영희

〈어린이책작가교실〉에서 공부했습니다. 단편 청소년 소설 〈똥통에 살으리랏다〉로 제11회 푸른문학상을, 장편청소년소설 〈꽃 달고 살아남기〉로 제8회 창비청소년문학상을 받았습니다. 이야기책과 과학책을 두루 읽으면서, 지구와 우주를 넘나드는 상상력을 폭발시킬 준비를 하고 있습니다.
쓴 책으로는 〈초희가 썼어〉, 〈만날 보면서도 몰랐던 거울 이야기〉, 〈슈퍼 깜장봉지〉 등이 있습니다.

그림 이경국

홍익대학교에서 디자인을 공부하고, 같은 학교 대학원에서 사진으로 석사 학위를 받았습니다. 아내와 두 딸, 개 두 마리, 새 한 마리와 함께 살면서 멋진 그림을 그리고 싶어 하는 작가입니다. 2008년 볼로냐 국제 아동 도서전 '올해의 일러스트레이터'에 선정되었고 지금은 한겨레 그림책 학교에서 강의를 하고 있습니다. 《책이 꼼지락꼼지락》, 《사람과 세상을 잇는 다리》, 《쓰레기가 쌓이고 쌓이면》, 《검은 눈물 석유》, 《문명의 수레바퀴 철》, 《검은 눈물, 석유》 등이 있습니다.

감수 와이즈만 영재교육연구소

창의 영재수학과 창의 영재과학 교재 및 프로그램을 개발했습니다. 구성주의 이론에 입각한 교수학습 이론과 창의성 이론 및 선진 교육 이론 연구 등에도 전념하고 있습니다. 국내 최고의 사설 영재교육 기관인 와이즈만 영재교육에 교육 콘텐츠를 제공하고 교사 교육을 담당하고 있습니다. 이 책을 감수한 분은 박상용 연구원입니다.